# BEI GRIN MACHT SICH IHR WISSEN BEZAHLT

- Wir veröffentlichen Ihre Hausarbeit, Bachelor- und Masterarbeit

- Ihr eigenes eBook und Buch - weltweit in allen wichtigen Shops

- Verdienen Sie an jedem Verkauf

Jetzt bei www.GRIN.com hochladen und kostenlos publizieren

Manuela Wolf

# Liebe in der Erziehung. Von Aspekten der Liebe und ihrer pädagogischen Bedeutung.

GRIN Verlag

**Bibliografische Information der Deutschen Nationalbibliothek:**

Die Deutsche Bibliothek verzeichnet diese Publikation in der Deutschen National-
bibliografie; detaillierte bibliografische Daten sind im Internet über http://dnb.d-
nb.de/ abrufbar.

**Impressum:**

Copyright © 2001 GRIN Verlag GmbH
Druck und Bindung: Books on Demand GmbH, Norderstedt Germany
ISBN: 978-3-640-61027-3

**Dieses Buch bei GRIN:**

http://www.grin.com/de/e-book/16279/liebe-in-der-erziehung-von-aspekten-der-
liebe-und-ihrer-paedagogischen

**GRIN - Your knowledge has value**

Der GRIN Verlag publiziert seit 1998 wissenschaftliche Arbeiten von Studenten, Hochschullehrern und anderen Akademikern als eBook und gedrucktes Buch. Die Verlagswebsite www.grin.com ist die ideale Plattform zur Veröffentlichung von Hausarbeiten, Abschlussarbeiten, wissenschaftlichen Aufsätzen, Dissertationen und Fachbüchern.

**Besuchen Sie uns im Internet:**

http://www.grin.com/

http://www.facebook.com/grincom

http://www.twitter.com/grin_com

Institut für Pädagogik
Lehrstuhl für Historische Pädagogik und Sozialisationsforschung
Seminar: „Kindheitsdeterminismus"

WS 2001/02


# Liebe in der Erziehung

Von Aspekten der Liebe und ihrer pädagogischen Bedeutung


Von Manuela Wolf

# Inhalt

# 1. Einleitung

„Liebe in der Erziehung", für die einen eine unhinterfragte Selbstverständlichkeit, für die anderen Ausgang intensiver Betrachtungen, kritischer Auseinandersetzung und doch stets mit dem Fazit: Liebe in der Erziehung findet einfach statt, ist möglich und nötig. Doch wie diese Liebe aussieht, wie sie aussehen sollte und was sie nicht sein sollte, dazu soll die vorliegende Arbeit einige Ansätze liefern. Ausgangspunkt für die folgenden Betrachtungen ist ein Zitat von Dieter Baacke:

> „Und insofern sind dann gewähren lassende (nicht gleichgültige) *Ironie* sowie tief durchdrungene, weil sich gegenseitig auffangende *Liebe* jene pädagogischen Leitbegriffe, die für die Erwachsenen und Erzeugenden ebenso wichtig sind wie für die kleinen Kinder, die wir in die Welt gesetzt haben und die dadurch auf eine Liebe angewiesen sind, die nicht vergewaltigt, sondern frei macht."[1]

Dieter Baacke lehrt als Professor Pädagogik an der Universität Bielefeld und hat sich neben den Probleme in der Erziehung von Kleinkindern auch schon denen des Kindes- und Jugendalters gewidmet.

In dem zitierten Werk „Die 0-5jährigen" untersucht er ausführlich die verschiedenen Disziplinen der Kindheitsforschung mit dem Ziel eines ‚sozialökologischen' Ansatzes, der kindliche Lebenswelten in ihrer Komplexität erfassen soll. Er kritisiert dabei zunächst, dass „eine neugierige und zugleich kindzentriert-freundliche Sichtweise"[2] neben den wissenschaftlichen Sichtweisen meist zu kurz kommt. Baacke konstatiert die ‚Kompetenz' des Kleinkindes und die Wichtigkeit deren Beachtung für seine „Würde, Zukunft und Chance"[3]. Dabei stützt er sich jedoch nicht nur auf wissenschaftliche Erkenntnisse und Theorien der Kindheit, sondern auch auf Erfahrungen aus der Perspektive von Kindern, wie sie in literarischem Material verarbeite sind. Trotz dieser vielfältigen Einblicke besteht Baacke auf der ‚Unverfügbarkeit' des Kindes, die seiner Meinung nach immer im Bewusstsein bleiben muss.

Das vorangestellte Zitat, dass die Grundlage zu dieser Arbeit liefern soll, ist dem letzten Kapitel seines Buches entnommen: „Pädagogisches Nachdenken: Zwischen Selbstironie und Liebe"[4]. Während der Bearbeitung des Textes im Rahmen des Seminars „Kindheitsdeterminismus" konzentrierte ich mich vor allen Dingen auf die von Baacke dargestellten Aspekte von Liebe und ihrer Bedeutung für pädagogisches Denken und Handeln. Ich stellte mir dabei die Frage, wie die Liebe zum Kind aussehen muss, die es nicht einengt, nicht für eigene Zwecke missbraucht, sondern ‚frei macht', d. h. dem Kind alle Entwicklungschancen einräumt, anstatt es ‚nach dem eigenen Bilde' zu formen. Bei der Suche nach einer Antwort auf diese Frage stieß ich auf Unterstützung durch die Gedanken Pestalozzis und deren Auslegung durch Urs P. Meier, die zwar von 1987 stammt, jedoch auch damals schon „mitten in einer Zeit fortschreitender Spezialisierung und Professionalisierung erzieherischen Handelns auf der einen, und zunehmender Trennung von Engagement und Reflexion auf der anderen Seite"[5] die Notwendigkeit erkennt, „eine Weile innezuhalten, um wieder Klarheit zu gewinnen über die fundamentalen Aufgaben und Anliegen der Pädagogik"[6].

---

[1] Baacke, Dieter: Die 0-5jährigen. Einführung in die Probleme der frühen Kindheit. Weinheim 1999, S. 422.
[2] Ebenda, S. 9
[3] ebenda, S. 10
[4] ebenda, S. 388
[5] Meier, Urs P.: Pestalozzis Pädagogik der sehenden Liebe. Zur Dialektik von Engagement und Reflexion im Bildungsgeschehen. Bern und Stuttgart: Paul Haupt, 1987, S. 16 ff.
[6] ebenda, S. 17

## 2. Aspekte der Liebe

„… die kleinen Kinder, die wir in die Welt gesetzt haben und die dadurch auf eine Liebe angewiesen sind, die nicht vergewaltigt, sondern frei macht."[7]

Diese abschließende Aussage Baackes am Ende seines Buches enthält ebenso viel Vertrautes, wie Befremdliches und ist daher einer näheren Betrachtung wert.
Natürlich sind kleine Kinder in besonderem Maße abhängig von den Erwachsenen, sind auf ihre Hilfe und auf ihre liebevolle Zuwendung angewiesen. Aber wollen gerade im pädagogischen Bereich nicht alle nur ‚das Beste'? Können genau in diesem Bestreben so gravierende Fehler liegen, dass Baacke sogar von Liebe spricht, die vergewaltigt? Und wie müsste die Liebe aussehen, die gerade dies nicht tut, sondern ‚frei macht'?
Um mich diesen Fragen anzunähern, möchte ich zunächst auf die Aspekte von Liebe eingehen, die Baacke in seinem Kapitel: „Pädagogisches Nachdenken: Zwischen Selbstironie und Liebe" anspricht und versuchen, deren Bedeutung für pädagogisches Handeln und Denken herauszuarbeiten.

### Liebe durch Pflege

„Neugeborene, Säuglinge und Kleinstkinder machen die Erfahrung von Liebe, Zuneigung, Geborgensein, Ermuntertwerden etc. zunächst über Grundhandlungen von *Pflege*"[8]. Das Menschenkind kann nach Mehringer als eine sog. „physiologische Frühgeburt"[9] gesehen werden, d. h. es kommt im Vergleich zu anderen Säugern relativ unreif und unselbstständig zur Welt und ist deshalb im besonderen Maße auf die Hilfe Erwachsener angewiesen, um sein Überleben zu sichern. Mehringer bezeichnet das erste Lebensjahr sogar als „eine Art ‚extra-uteriner' Schwangerschaft"[10], eine Zeit, in der das Kind noch besonders anfällig für Störungen ist. So führen die frühzeitige Entbehrung der Mutter und Vernachlässigung in den ersten Lebensjahren zur vermehrten Ausbildung von Ängsten und höherer Krankheitsanfälligkeit[11]. Trotzdem vertritt Baacke die These, dass auch diese kleinen Kinder schon kompetente Wesen sind, die das Recht auf eine Erziehung von Geburt an haben und kritisiert, dass dieser Zusammenhang erst allmählich in den Alltag und die pädagogische Reflexion eingeht. Allerdings denke ich, dass die zahlreichen Kurse zur Vorbereitung einer individuellen Geburt, Kurse zur Säuglingsmassage und pädagogisch betreute Gruppen für Eltern mit Kleinkindern, die von Geburtshäusern und niedergelassenen Hebammen angeboten werden und teilweise auch von Entbindungskliniken übernommen werden, eine Wendung in diese Richtung anzeigen. Allerdings kritisiert Baacke zu Recht, dass die „pädagogisch-institutionellen wie budgetären Absicherungen"[12] noch weit von einem einheitlichen Konzept entfernt sind, obwohl Einigkeit darüber herrscht, dass „die ‚0-5jährigen' neben Pflege eben auch Erziehung brauchen, und dies zunächst nicht in einschränkender, sondern in umfassend-zuwendender Form"[13].

---

[7] Baacke, Dieter: Die 0-5jährigen. Einführung in die Probleme der frühen Kindheit. Weinheim 1999, S. 422.
[8] Ebenda, S. 391
[9] vgl. ebenda, S. 390
[10] vgl. ebenda, S. 390
[11] vgl. ebenda, S. 390
[12] ebenda, S. 392
[13] ebenda, S. 392

**Liebe zu sich selbst**

Der viel beschriebene Egozentrismus bei Kleinkindern versetzt Eltern und Pädagogen immer wieder aufs Neue in Situationen pädagogischer Handlungsnot. Sie lernen nun auch unsympathische Seiten an den Kindern kennen. Aus dem niedlichen, schützenswerten Säugling ist nun ein Wesen geworden, vor dem man unter Umständen andere kleine Kinder beschützen muss, denn „offensichtlich sind kleine Kinder nicht in der Lage, ihre Spielkameraden als *eigenständige Persönlichkeiten eigenen Rechts* anzusehen, sondern sie behandeln ihre Spielkameraden eher wie unpersönliche Objekte oder gar wie Spielzeug"[14]. Da jedoch soziales Handeln und Lernen hoch im Kurs steht, fühlen sich die Erwachsenen nun ständig genötigt einzugreifen. Doch genau darin liegt nach Baackes Meinung der Fehler. „Gerade bei kleinen Kindern, deren Entwicklungszeiträume ja recht eng bemessen sind, scheinen wir auf schnelle Veränderungen und ‚Verbesserungen des Verhaltens' großen Wert zu legen. Damit überfordern wir die Kinder aber nicht nur, sondern verhindern auch, dass sie zu ‚*glücklichen* Kindern' werden"[15]. Schon Jean-Jacques Rousseau beschreibt in seinem Erziehungsroman ‚Émile', dass ein Kind sich zunächst einmal selbst lieben lernen muss, bevor es diese Liebe auch auf andere Menschen übertragen kann, denn Rousseau fasst Selbstliebe als positive Instanz der Befriedigung natürlicher Bedürfnisse auf. Wie soll ein Kind auch ein gesundes Selbstbewusstsein entwickeln, wenn es sich von Anfang an nur über eine Wir-Instanz definieren darf? Rousseau geht sogar so weit, eine ‚rein negative Erziehung'[16] in den ersten Jahren zu fordern, um das Kind vor ‚verständnislosen Forderungen der Tugend'[17] zu bewahren. Auch Baacke beschreibt in einem Beispiel aus der Praxis, wie das schnelle Tadeln ‚unsozialen' Verhaltens bei einem Kleinkind zu Missverständnissen führen und „eine zunächst unerprobte soziale Gleichgültigkeit sich in *Aggression* verwandeln"[18] kann, womit man dann genau das Gegenteil von dem erreicht hätte, was man eigentlich erreichen wollte.


**Liebe ist gleich Freundlichkeit?**

Gerade dem kleinkindlichen Egozentrismus versuchen Erwachsene häufig mit ruhiger Freundlichkeit entgegenzutreten. Baacke beschreibt anhand des Berichts einer Pädagogin, die eine Eltern-Kind-Gruppe betreut, welchen Eindruck ständige Freundlichkeit auf sie macht: „Der Wunsch, die heile Welt zu behalten, ist ganz offensichtlich stark. Wenn es unglückliche Kinder nicht geben darf, müssen die Erwachsenen eben alles tun, Unglück zu verhindern, und dies auf dem Wege eigener Güte und Freundlichkeit, eben als Modell, hinter dem durchaus ein anspruchsvolles pädagogisches Ethos umfassender Sozialität steckt"[19]. Prinzipiell ist dagegen auch nichts einzuwenden, doch zeigt sich in der täglichen Alltagserfahrung der Pädagogin, dass dieses Konzept nicht aufgeht. Die ‚heile Welt' will sich einfach nicht einstellen, obwohl die Eltern der Gruppe sich darin einig sind, dass Aggression doch nur durch Aggressivität anderer ausgelöst wird, vor der sie ihre Kinder nach bestem Wissen schützen. Baacke sieht das Problem auch nicht prinzipiell in einem freundlichen Umgang von Erwachsenen und Kindern, „sondern eher in der Ungeduld, diese Freundlichkeit immer sofort

---

[14] Baacke, Dieter: Die 0-5jährigen. Einführung in die Probleme der frühen Kindheit. Weinheim 1999, S. 393
[15] ebenda, S. 396
[16] vgl. Oelkers, J.: Einführung in die Theorie der Erziehung. Weinheim und Basel: Beltz Studium, 2001
[17] ebenda
[18] Baacke, Dieter: Die 0-5jährigen. Einführung in die Probleme der frühen Kindheit. Weinheim 1999, S. 393
[19] ebenda, S. 395

auf den Punkt zu bringen und bei den kleinen Kindern eingelöst zu sehen"[20]. Außerdem können die Erwachsenen den Kindern doch kaum etwas abverlangen, was sie selbst nicht im Stande sind, auf Dauer zu praktizieren. Die Welt der Kinder kann nur so ‚heil' sein, wie die ihrer Eltern, und Scheidungsstatistiken sprechen eine deutliche Sprache. „Offenbar ist zuviel Freundlichkeit auf die Dauer nicht nur für die Eltern schwer zu praktizieren; auch die Kinder leiden darunter, fühlen sich in ihrer Spontaneität eher behindert denn über das Modell gut angeleitet"[21].

### Hass ist gleich ein Mangel an Liebe?

Zum Hass als eine menschliche Qualität existieren zwar verschiedene Theorien, wie z. B. Sigmund Freuds Beschreibungen zu Eros und Thanatos, das Thema des kindlichen Hasses ist jedoch nach Baackes Erfahrung in der Fachliteratur noch weitgehend tabuisiert. Bestenfalls wird er als „eine Art ‚Mangel an Liebe'"[22] betrachtet, der nur auszugleichen ist, um den Hass verschwinden zu lassen. Dass jedoch genau dort das Problem liegt, zeigt Baacke in einem Zusammenhang, der offensichtlich besser wissenschaftlich untersucht ist, als die Ursachen kindlichen Hasses: „Kinder, die hassen, werden schnell zu Kindern, die keiner mehr haben will"[23]. Wie soll also dieser ‚Mangel an Liebe', sofern dies wirklich eine zutreffende Beschreibung ist, ausgeglichen werden? Baacke stellt fest, dass diese Kinder nie den Hauch einer fairen Chance hatten, dass in ihrem Leben oft ein Mangel an Kontinuität und ein Übermaß an Ablehnung zu finden war und dies stets Ausgangspunkt ‚problematischer Beziehungen' war. Er kritisiert jedoch das Reduzieren dieser Aspekte auf eine ‚personale Komponente', auf Probleme, die nur im direkten Umfeld des Kindes bestehen und zeigt die Verantwortlichkeiten der Gesellschaft und ihrer Institutionen auf, die „bis heute beispielsweise Mißhandlungen an kleinen Kindern immer wieder möglich machen"[24].

### Liebe als Beziehung

Dieter Baacke betont, dass die Liebe zwischen Erwachsenen und Kindern und daraus resultierendes Glück keine „Naturgeschenke des Himmels sind, sondern von Eltern und Kindern mühsam erarbeitete Beziehungsstrukturen"[25]. Diese Beziehungsarbeit hört nie auf und Eltern wie Erzieher können und sollten sich nicht auf der Gewissheit ausruhen, dass sie eine ‚gute Beziehung' zum Kind haben, da diese Gewissheit nur eine Momentaufnahme darstellt. Störungen in Beziehungsstrukturen – nicht nur zwischen Eltern und Kindern - werden nicht selten erst spät erkannt und doch haben sie Einfluss auf die Gesellschaft, denn den Kindern kann es nur so gut gehen, wie den Erwachsenen und gestörte Beziehungen können sich von Generation zu Generation tradieren. Kinder werden in eine wie auch immer geartete Beziehung ihrer Eltern hineingeboren und erfahren dort die Probleme, die auch Erwachsene mit Nähe und Trennung haben. Sie erleben, dass auch Erwachsene Trennung häufig mit Ängsten verbinden und sie sind selbst betroffen, wenn sie sich erstmals von ihrer Bezugsperson lösen sollen, um im Kindergarten o. ä. andersartige Beziehungen zu knüpfen.

[20] ebenda, S. 396
[21] Baacke, Dieter: Die 0-5jährigen. Einführung in die Probleme der frühen Kindheit. Weinheim 1999, S. 395
[22] ebenda, S. 397
[23] ebenda, S. 397
[24] ebenda, S. 398
[25] ebenda, S. 398

Baacke gibt in diesem Zusammenhang ein Beispiel für den positiven Einfluss, den eine steigende Komplexität der Beziehungsstrukturen für die Entwicklung des Kindes haben kann, anhand des Übergangs von der Kindergarten- in die Schulgruppe: „Jetzt kann die alltägliche Wiederholung von Spannungen zwischen Mutter und Kind von außen aufgebrochen werden; die Verlagerung in eine neue Peer-Interaktion kann sogar bisher nicht erfahrene Nähe oder Wärme spürbar machen, die das Kind befriedigen"[26]. Ständige Nähe ist also nicht unbedingt das Grundgerüst einer intakten Beziehung, denn „Liebe ist die Liebe zum anderen. Das andere ist nie nah. Wer Distanz und Trennung nicht erträgt, erlebt auch kein Zusammensein"[27].

### Liebe heißt: „Ich weiß was gut für dich ist"?

„Kinderwünsche sind nicht quasi automatisch die Wünsche nach Kindern oder gar die Wünsche *für* Kinder"[28], trotzdem denken Eltern und Erzieher, allein durch ihren Status dem Kind gegenüber zu wissen, was gut für es ist. Doch nach Baackes Meinung genügen ‚sozialpolitischer Wille' und ‚pädagogisches Engagement' nicht, um ein gesichertes Aufwachsen und optimale Förderung der Kinder zu garantieren. Baacke zeigt auf, wie wichtig es ist, „*welche Art von Pädagogik* denn eigentlich pädagogischen Vorstellungen zugrunde liegt"[29]. So kann eine dogmatische Erziehung zu Sauberkeit und Ordnung den Kindern genauso viel Schaden anrichten wie eine überbehütende Erziehung, die dem Kind durch ihre „fast hysterische Sorge vor mangelndem Schutz". Beide Extremformen der Erziehung engen den Entwicklungsspielraum des Kindes derart ein, dass es zwangsläufig in ständiger Abhängigkeit zu seinen Erziehern verbleibt.
Christine Nöstlinger zeigt ihren „(…) Aufzeichnungen eines Neugeborenen" das genaue Gegenteil zum abhängigen und schutzbedürftigen Säugling. Sie unterstellt einem fiktiven Neugeborenen, eigene Entscheidungen treffen zu können und zeigt, mit welchem ‚skeptischen Blick' ein Kind die Welt sehen könnte, in die es hineingeboren wird. Entscheidungen, die von Mutter oder Vater ‚aus dem Bauch heraus' getroffen werden, reflektiert das Kind nüchtern und unsentimental. Dabei wird deutlich, „daß die Mutter-Kind-Dyade mit seiner unterstützenden kommunikativen Struktur im Grunde aus Mißverständnissen besteht"[30] und „daß jede Alternative, welche der Säugling auch wählt (oder seine Mutter wählt), immer nur die halbe, nie eine vollkommene Lösung sein kann, die das perfekte Glück einer gelungenen Zukunft absichern hilft"[31].
Da kleine Kinder jedoch meist ‚stumme Zeugen' sind, problematisiert Baacke in seinem letzten Kapitel die unreflektierte Forschung auf dem Gebiet der Entwicklungspsychologie. Er gibt zwar in vorangehenden Kapiteln einen ausführlichen Überblick der die wichtigsten Theorien kinderwissenschaftlicher Forschung, in seinem ‚pädagogischen Nachdenken' warnt er jedoch eindrücklich davor, „wissenschaftliche Ergebnisse vor die Selbstreflexion einer Forschung [zu] stellen, die dann schnell zum Selbstläufer wird und sich aus nichts weiter rechtfertigt als der (zweifelhaften) Logik von Forschungsergebnissen"[32].

---

[26] ebenda, S. 397
[27] ebenda, S. 410, zit. nach Michel Seillans
[28] Baacke, Dieter: Die 0-5jährigen. Einführung in die Probleme der frühen Kindheit. Weinheim 1999, S. 411
[29] ebenda, S. 400
[30] ebenda, S. 415
[31] ebenda, S. 414
[32] ebenda, S 401

## Liebe heißt: Ambivalenz aushalten

Nachdem Baacke klar gemacht hat, dass Vollkommenheit und gesichertes Glück illusorisch sind, mutet er Erwachsenen wie auch kleinen Kindern zu, Ambivalenzen und Zweideutigkeiten bewusst zu machen und auch zu halten. Wer aufmerksam beobachtet, wie kleine Kinder sich ihr Weltbild konstruieren und dabei auch die aktuelle Literatur für Kleinkinder heranzieht (beispielsweise „Der Regenbogenfisch") erkennt, dass diese Konzepte durchaus auch Ambivalenzen enthalten und die Kinder besser damit umgehen können, als mancher Erwachsene es ihnen zutraut. „Offenbar sind die Vorstellungen, die Kinder sich von ihrer Welt und der Welt der Erwachsenen machen, nicht notwendig identisch mit jenen Vorstellungen, die Erwachsene von Kindern haben"[33]. Dazu gehört auch, den Kindern keine Welt vorzugaukeln, die sich ohne weiteres in ‚Gut' und ‚Böse' einteilen lässt, denn auch in der Welt der Kinder treten immer wieder Schattierungen auf, die sich von den Erwachsenen nicht wegdiskutieren lassen.


## Liebe ist die Anerkennung des kompetenten Kleinkindes

Dieter Baacke versteht das ‚kompetente' Kleinkind als ein Wesen, dass zwar bis ins Vorschulalter hinein weitgehend ‚stumm' ist, was den wissenschaftlichen Diskurs angeht und es deshalb ausschließlich Gegenstand desselben ist, nichtsdestotrotz sieht er kleine Kinder „in der dreifachen Spannung von Selbst, Objekten und sozialen Beziehungen"[34]. Die These vom ‚kompetenten' Kleinkind trägt dem Rechnung, in dem sie das Kind in ganzheitlicher Weise betrachtet und durch „sensibles Registrieren der Formen und Art und Weisen des Aufwachsens in den ersten Lebensjahren uns zunehmend davor bewahren, Kinder nur als unmündige Objekte anzusehen"[35]. Anerkennung des ‚kompetenten' Kleinkindes heißt, seine „Hilfs- und Unterstützungs*bedürftigkeit* gleichzeitig als Hilfs- und Unterstützungs*würdigkeit* zu sehen"[36]. Anerkennung des ‚kompetenten' Kleinkindes heißt auch, es als Person wert zu schätzen, „um die Erwachsene sich deshalb bemühen müssen, weil sie sonst jenen entscheidenden Teil von *Partnerschaft* übergehen würden, der auch das Leben von Erwachsenen reicher und bedeutsamer macht"[37]. Sind diese Voraussetzungen erfüllt, kann Liebe zwischen Kindern und Eltern etwas sein, was „dem anderen zubilligt, was dem anderen nur zugebilligt werden kann"[38], und zwar nicht aufgrund von Opferleistungen, sondern dem wechselseitigen Zubilligen der „gleichen Intensitäten und Lebensmöglichkeiten".

---

[33] ebenda, S. 416
[34] Baacke, Dieter: Die 0-5jährigen. Einführung in die Probleme der frühen Kindheit. Weinheim 1999, S. 418
[35] ebenda, S. 419
[36] ebenda, S. 419
[37] ebenda, S. 419
[38] ebenda, S. 422

## Liebe als Weltverhältnis

Nicht nur Erwachsene begleiten Kinder auf ihrem Lebensweg, ebenso begleiten die Kinder auch die Erwachsenen. Oft beweist sich die Stärke dieser Begleitung nicht nur in den Momenten, in denen „Liebe gelingt"[39], sondern dann, wenn Erwachsene oder Kinder unglücklich sind. Nicht leichtfertiges Vertrösten, sondern das Annehmen von Unglücklichsein und gegenseitiges Auffangen drückt eine Liebe aus, die aufgrund ihres dialektischen Charakters ein ‚Weltverhältnis' darstellt und auf deren Basis sich die kleinen Kinder ihre Konzepte von ‚Leben' und ‚Zukunft' ausdeuten können.

Liebe zum Kind als Weltverhältnis im Gegensatz zum Besitzanspruch drückt meiner Meinung nach besonders treffend folgendes Gedicht aus:

Deine Kinder sind nicht deine Kinder,
sie sind die Söhne und Töchter der Sehnsucht
des Lebens nach sich selbst.
Sie kommen durch dich, aber nicht von dir,
und obwohl sie bei dir sind, gehören sie dir nicht,
du kannst ihnen deine Liebe geben, aber nicht
deine Gedanken, denn sie haben ihre eigenen Gedanken,
du kannst ihrem Körper ein Heim geben,
aber nicht ihrer Seele, denn ihre Seele wohnt
im Haus von morgen, das du nicht besuchen kannst,
nicht einmal in deinen Träumen.
Du kannst versuchen, ihnen gleich zu sein,
aber suche nicht, sie dir gleich zu machen,
denn das Leben geht nicht rückwärts
und verweilt nicht beim gestern.

Chalil Dschibran (1883 – 1931)

---

[39] ebenda, S. 422

## 3. Pestalozzis ‚sehende Liebe' als Vorbild pädagogischer Liebe

Bei meinen Recherchen zum Thema ‚Liebe in der Erziehung' stieß ich immer wieder auf denselben Namen: Johann Heinrich Pestalozzi. Er war Zeitgenosse Rousseaus und prangerte wie dieser die unhaltbaren gesellschaftlichen und sozialen Bedingungen an, unter denen der Großteil der Menschen seiner Zeit leben musste. Er hält ebenso Erziehung und Bildung der Kinder für die wichtigsten Grundlagen zur Veränderung der Verhältnisse. Doch im Gegensatz zu Rousseau war Pestalozzi Praktiker, er eröffnete Waisenhäuser und lebte dort mit ‚seinen' Kindern in einer familienähnlichen Gemeinschaft. Er erkannte, dass vor jedem Bildungsbemühen, die existenzielle Versorgung der Kinder stehen muss, er wurde durch seinen liebevollen Umgang mit den Kindern zum Vaterersatz und suchte dabei nach einem tragfähigen Fundament für die Liebe, die er empfand und für die ‚Bildung der Sittlichkeit', die er bei ‚seinen' Kindern erstrebte. Er fand dieses Fundament in der Liebe und Fürsorge einer Mutter zu ihrem Neugeborenen. Er erkannte, dass die ersten liebevollen Handlungen, die einem Menschen widerfahren, die der Pflege und des Schutzes sind, doch ebenso erkannte er, dass sie zwar die „unerlässliche sinnliche Wurzel der menschlich reifen Muterliebe"[40] sind, aber anfangs doch eher instinktiv als bewusst sind. Was Dieter Baacke heute ‚Erziehung von Geburt an' nennt, sah Pestalozzi damals in der Entwicklung der ‚zum Sehen gebildeten Mutterliebe'. Die Mutter wird sich ihrer eigenen Unzulänglichkeit bewusst und sieht sich in der Verantwortung, dafür zu sorgen, dass ihr Kind auch „menschlich gebildet werde"[41]. Dazu muss sie dafür sorgen, dass ihre Liebe zum Kind nicht nur instinktiven und emotionalen Trieben entspringt, sondern „ ‚durch den Verstand und den Willen' zur ‚veredleten und gesicherten Liebe' emporgehoben werden muss"[42].

Was für uns heute etwas hochtrabend klingt, heißt nichts anderes, als dass Eltern und Erzieher sich ihrer Verantwortung gegenüber den kleinen Kindern bewusst sein müssen, ihnen nicht nur, aber auch Lebensgrundlage und Schutz bieten müssen, darüber hinaus aber auch eine geistige Sicherheit, in der die Wertschätzung und Achtung der Würde des Kindes nicht situationsabhängig ist. Pestalozzis ‚sehende Liebe' ist eine „denkende Liebe", die weiß, „dass nicht immer wohlgetan, was wohlgemeint ist"[43], sie ist eine „geistige Liebe", die die „ ‚eigene Bequemlichkeit' und die ‚stärksten Wünsche' zurückzustellen und aufzuschieben"[44] vermag, sie ist eine „erzieherische Haltung, die sich durch <u>Verlässlichkeit</u>, <u>Gleichmass</u>, <u>Konstanz</u> und <u>Konsequenz</u> auszeichnet"[45]. Sie besitzt „kritische[s] Urteilsvermögen", das in der Lage ist, „die ersten Anzeichen des menschlich Wesentlichen und deshalb Förderungswürdigen bei ihrem Kind wahrzunehmen"[46]. Pestalozzis Konzept von der ‚sehenden' Liebe birgt ebenso wie Baackes ‚Weltverhältnis' das Charakteristikum der Dialektik. „Engagement und Reflexion, Nähe und Distanz, Bindung und Freigabe, Sinnlichkeit und Sittlichkeit sowie Augenblick und Dauer [treten] in eine jeweils dialektische Beziehung zueinander"[47], bilden Wechselspiel und Einheit zugleich. Insofern stellt meiner Interpretation nach auch Pestalozzis ‚sehende' Liebe ein Weltverhältnis dar und untermauert Baackes Ausführungen philosophisch.

---

[40] Meier, Urs. P.: Pestalozzis Pädagogik der sehenden Liebe. Zur Dialektik von Engagement und Reflexion im Bildungsgeschehen. Bern, Stuttgart: Haupt, 1987, S. 391.
[41] Ebenda, S. 392
[42] ebenda, S. 392
[43] ebenda, S. 394
[44] ebenda, S. 395
[45] ebenda, S. 395
[46] ebenda, S. 398
[47] ebenda, S 394

## 4.  Abschließende Betrachtungen

„Liebe […], die nicht vergewaltigt, sondern frei macht"[48] darf und muss zunächst einmal in pflegenden, zuwendenden, schützenden Handlungen am neugeborenen Kind beginnen, muss sich aber von Anfang an auch der Unverfügbarkeit des Kindes bewusst sein, denn „ob der Säugling jetzt die Mutterbrust will oder sie als übervorsorgliches Bevormunden erlebt, muß immer von neuem herausgefunden werden, denn eine verläßliche Grundregel mit eindeutigen Signalen ist auch hier nicht auszumachen"[49].

Liebe kann dann ‚frei machen', wenn sie sich in Geduld und Gelassenheit bei der Erziehung zu sozialem Handeln übt und dem Kind erlaubt, sich zunächst einmal selbst zu finden, bevor es ein Wir-Gefühl zu entwickeln lernt. Dazu gehört auch, dem Kind echte Emotionen zuzumuten und zuzugestehen, damit es lernt, mit eigenen wie mit fremden negativen Gefühlen umzugehen und angemessen zu reagieren, an Stelle von aufgesetzter Freundlichkeit und einer trügerischen ‚heilen Welt'. Die Welt war niemals ‚heil' und wird es auch nie werden. Jedoch können und sollten die Erwachsenen dafür sorgen, dass jedes Kind eine Chance erhält und weder auf der persönlichen, noch auf der institutionellen Seite wegschauen, wenn Probleme auftreten.

Um ‚sich gegenseitig auffangende' Liebe möglich zu machen, dürfen die Erwachsenen nicht die Beziehungsarbeit scheuen, die zu leisten ist, um dem Kind zu zeigen: „Ich bin für dich da, aber ich bin nicht perfekt". Erwachsene können ebenso wenig wie kleine Kinder immer ausgeglichen sein, doch sie können den Kindern dabei helfen, sie zu verstehen und die Modalitäten ihrer Beziehung immer wieder neu auszuhandeln. Eltern sollten es zulassen, dass ihre Kinder auch zu anderen Menschen liebevolle Beziehungen aufbauen, um ein soziales Netz zu schaffen, in dem die Kinder in jedem Fall aufgefangen werden. Dazu gehören auch die Erfahrungen von Distanz und Trennung, die die Voraussetzung sein können, Nähe und Geborgenheit bewusst zu spüren.

Liebe, die nicht missbraucht, ist eine Liebe, die sich weder in einer dogmatischen Erziehungshaltung, nach dem Motto: „Ich weiß, was gut für dich ist", noch in einer überbehütenden Fürsorge, die die Entwicklung des Kindes einschränkt, niederschlägt. Eltern und Erzieher sollten sich immer gewahr sein, dass die Kommunikation zwischen ihnen und den Kindern immer auch von Missverständnissen geprägt ist, die von den kleinen Kindern nicht aufgeklärt werden können, da ihnen noch der Erfahrungshorizont, wie auch die kommunikativen und metareflektiven Fähigkeiten fehlen. Dasselbe gilt auch für die Kindheitsforschung, in der Kinder schnell zu Objekten und damit zum Spielball des wissenschaftlichen Diskurses und ‚moderner' Methoden werden. Ob die Welt der kleinen Kinder identisch ist, mit den Vorstellungen, die die Erwachsenen sich von der Welt der kleinen Kinder machen, bleibt spekulativ. Deshalb ist eine Liebe zum Kind, die ‚frei macht' eine Haltung, die dem Kind Wahrheiten nicht auf dem Silbertablett präsentiert, sondern auch Zweideutigkeiten aushält und ihnen den Umgang damit zutraut.

Liebe, die ‚frei macht', erkennt das Kleinkind als kompetentes Wesen an, achtet seine Würde als Mensch und betrachtet es als Partner.

---

[48] Baacke, Dieter: Die 0-5jährigen. Einführung in die Probleme der frühen Kindheit. Weinheim 1999, S. 422
[49] ebenda, S. 415

Liebe, die ‚frei macht', ist eine ‚sehende Liebe', die dem Kind ‚die Hand bietet'[50], ihm soviel Schutz und Förderung wie nötig, und soviel Freiheit wie möglich zubilligt.

Liebe, die ‚frei macht', beweist sich nicht nur im Glück, sondern sieht sich immer im dialektischen Spannungsverhältnis von Nähe und Distanz, Bindung und Freigabe, Glücklichsein und Traurigkeit und drückt damit eine Lebenseinstellung aus, die Dieter Baacke so treffend „Weltverhältnis" nennt.

---

[50] vgl. Meier, Urs. P.: Pestalozzis Pädagogik der sehenden Liebe. Zur Dialektik von Engagement und Reflexion im Bildungsgeschehen. Bern, Stuttgart: Haupt, 1987, S. 399 „Handbietung"

# 5. Verwendete Literatur:

Baacke, Dieter: Die 0-5jährigen. Einführung in die Probleme der frühen Kindheit. Weinheim: Beltz, 1999.

Meier, Urs P.: Pestalozzis Pädagogik der sehenden Liebe. Zur Dialektik von Engagement und Reflexion im Bildungsgeschehen. Bern, Stuttgart: Haupt, 1987.

Oelkers, J.: Einführung in die Theorie der Erziehung. Weinheim und Basel: Beltz Studium, 2001.